AF536771

Im Reich der Insekten

Aus dem Englischen übersetzt von Dr. Ute Döring. Titel der Originalausgabe *Insect Emporium* erschienen bei Egmont UK Limited unter der ISBN 978-1-4052-8340-3

Umschlaggestaltung von Christine Sassie, Grafische Werke, Stuttgart.
Lektorat und Satz Guido Huß, red.sign, Stuttgart.

Unser gesamtes lieferbares Programm und viele weitere Informationen zu unseren Büchern, Spielen, Experimentierkästen, DVDs, Autoren und Aktivitäten findest du unter **kosmos.de**

MIX
Paper from responsible sources
FSC® C018306

Für die deutschsprachige Ausgabe:

ISBN 978-3-440-15682-7
Projektleitung: Teresa Baethmann
Produktion: Verena Schmynec
Printed in China / Imprimé en Chine

Im Reich der Insekten

Texte von Susie Brooks
Zeichnungen von Dawn Cooper

KOSMOS

Inhalt

Willkommen in der Welt der Insekten!

Insekten gibt es überall, außer im Meer. Zwar fallen sie nomalerweise nicht besonders auf, doch sind sie zahlreicher als alle anderen Tiere zusammen. Außerdem leben sie schon viel, viel länger auf der Erde als wir Menschen.

Richtig viele Augen

Insekten haben oft riesige kugelförmige Augen. Wenn man genau hinschaut, sieht man, dass jedes Auge aus Hunderten bis Tausenden Miniaugen besteht! Damit können die Insekten in alle Richtungen schauen.

Dreigeteilt

Bei Insekten besteht der Körper aus Kopf, Brustabschnitt und Hinterleib. Am Rücken des Brustabschnitts sind die Flügel angewachsen.

Laufen auf sechs Beinen

Insekten laufen auf drei Paar Beinen. Viele Insektenarten haben an ihren „Knien“ Ohren!

Stell dir vor: Es gibt mehr Insekten als alle anderen Tiere auf der Welt zusammengezählt!

Nase und Zunge

Mit seinen Fühlern vorn am Kopf riecht und schmeckt das Insekt.

Die Forscher leben überall auf der Welt und sprechen daher verschiedene Sprachen. Damit sie wissen, über welches Tier sie miteinander sprechen, haben sie jedem Tier einen wissenschaftlichen Namen gegeben, der auf der ganzen Welt gilt. In diesem Buch ist neben dem deutschen Tiernamen immer der wissenschaftliche Name angegeben. Manchmal hat ein Tier gar keinen deutschen Namen – dann ist nur der wissenschaftliche Name genannt.

Fliegen muss man können!

Die meisten Insekten können fliegen. Im Flug können sie vor ihren Fressfeinden fliehen. Im Flug können sie Nahrung suchen. Und im Flug kann das Weibchen ein Männchen finden und umgekehrt. Die meisten Insektenarten haben zwei Paar Flügel, manche aber auch nur ein Paar oder gar keine Flügel.

Das Herz auf dem rechten Fleck?

Im Hinterleib hat das Insekt seinen Magen, seinen Darm und sogar sein Herz.

Die Insekten erfüllen viele wichtige Aufgaben in der Natur. Sie fressen zum Beispiel tote Tiere. Sie schleppen die Samen von Pflanzen weg, die dann woanders zu neuen Pflanzen heranwachsen. Und sie sind Nahrung für viele Vögel, Fledermäuse und andere Tiere.

Insekten sind immer für eine Überraschung gut. Kennst du schon das faszinierende Leuchten eines Glühwürmchens? Oder die Stabheuschrecke, die aussieht wie ein vertrockneter Zweig? Tritt ein in die rätselhafte Welt der Insekten und entdecke ihre Geheimnisse!

Magische Verwandlung

Alle Insekten schlüpfen aus Eiern. Wenn ein Insekt wächst, muss es ab und zu seine alte Haut abstreifen – die wächst nämlich nicht mit, weil sie hart wie ein Panzer ist. Manche Insekten können nach einer Häutung völlig verwandelt aussehen.

1. Ei

2. Larve (Raupe)

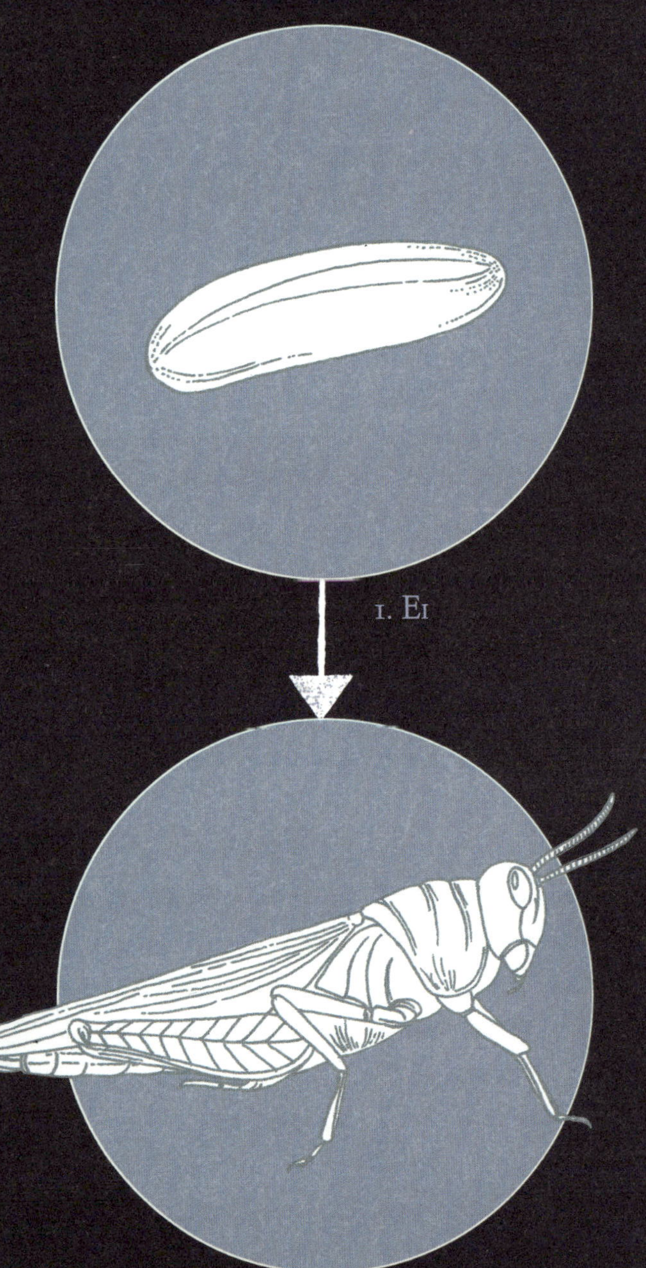

1. Ei

2. Erwachsene Heuschrecke

Die Verwandlung der Heuschrecke

Bei Heuschrecken sehen die Jungen schon fast so aus wie die erwachsenen Tiere – sie sind nur viel kleiner und können noch nicht fliegen. Erst nach der letzten Häutung haben sie richtige Flügel.

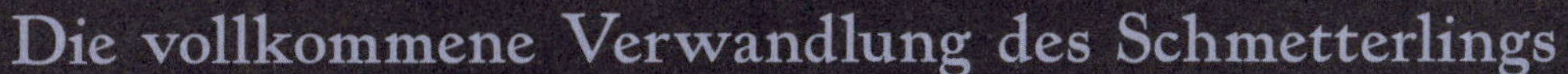

Die vollkommene Verwandlung des Schmetterlings

Bei vielen Insekten sehen die Jungen den erwachsenen Tieren gar nicht ähnlich. Dann nennt man das Jungtier Larve. Die Schmetterlingslarve heißt Raupe. Wenn sie genug gewachsen ist, wird sie zur Puppe. Sie erscheint wie tot, aber im Inneren verwandelt sie sich in etwas völlig anderes. Schließlich schlüpft ein prachtvoller Schmetterling aus der Puppenhülle!

1. Ei

4. Erwachsener Schmetterling

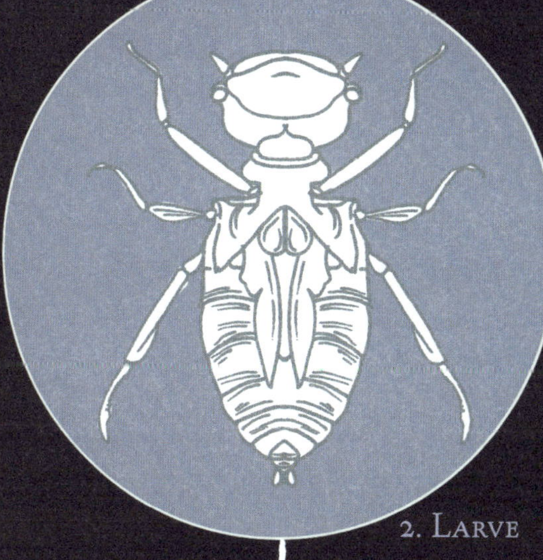

2. Larve

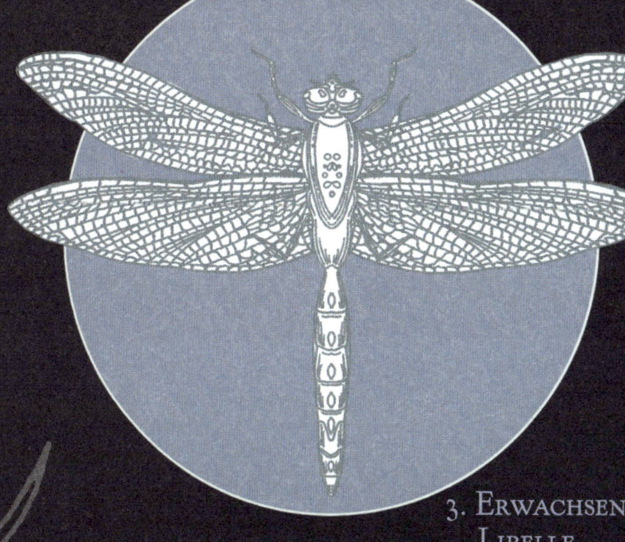

3. Erwachsene Libelle

3. Puppe

Die Verwandlung der Libelle

Die Libellenlarve lebt im Wasser. Sie muss sich mehrmals häuten. Schließlich kommt sie an Land. Dort streift sie ein letztes Mal ihre Haut ab, ehe sie als erwachsene Libelle elegant davonfliegt.

Die Schmetterlinge und ihre Raupen

Polyura sempronius
(Raupe)

Polyura sempronius
(Schmetterling)

Calephelis virginiensis
(Raupe)

Calephelis virginiensis
(Schmetterling)

Alexandra-Vogelschwingenfalter
(Raupe)
Ornithoptera alexandrae

Japanischer Schwalbenschwanz
(Raupe)
Papilio xuthus
Japanischer Schwalbenschwanz
(Schmetterling)
Papilio xuthus
Glasflügler
(Schmetterling)
Greta oto
Glasflügler (Raupe)
Greta oto
Alexandra-Vogelschwingenfalter
(Schmetterling)
Ornithoptera alexandrae

Die Nachtfalter und ihre Raupen

ATLASSPINNER (RAUPE)
Attacus atlas

ATLASSPINNER (SCHMETTERLING)
Attacus atlas

Acraga coa
(RAUPE)

Acraga coa
(SCHMETTERLING)

Gynaephora groenlandica
(SCHMETTERLING)

Gynaephora groenlandica
(RAUPE)

Lonomia obliqua
(Raupe)

Lonomia obliqua
(Schmetterling)

Grosser Gabelschwanz (Raupe)
Cerura vinula

Grosser Gabelschwanz
(Schmetterling)
Cerura vinula

Brahmaea wallichii
(Raupe)

Brahmaea wallichii
(Schmetterling)

Die Libellen

Die Libelle gleitet flink durch die Luft, immer auf der Suche nach Beutetieren. Wenn sie eines erspäht, legt sie blitzschnell ihre sechs Beine wie zu einem Korb zusammen und schnappt die Beute mitten im Flug.

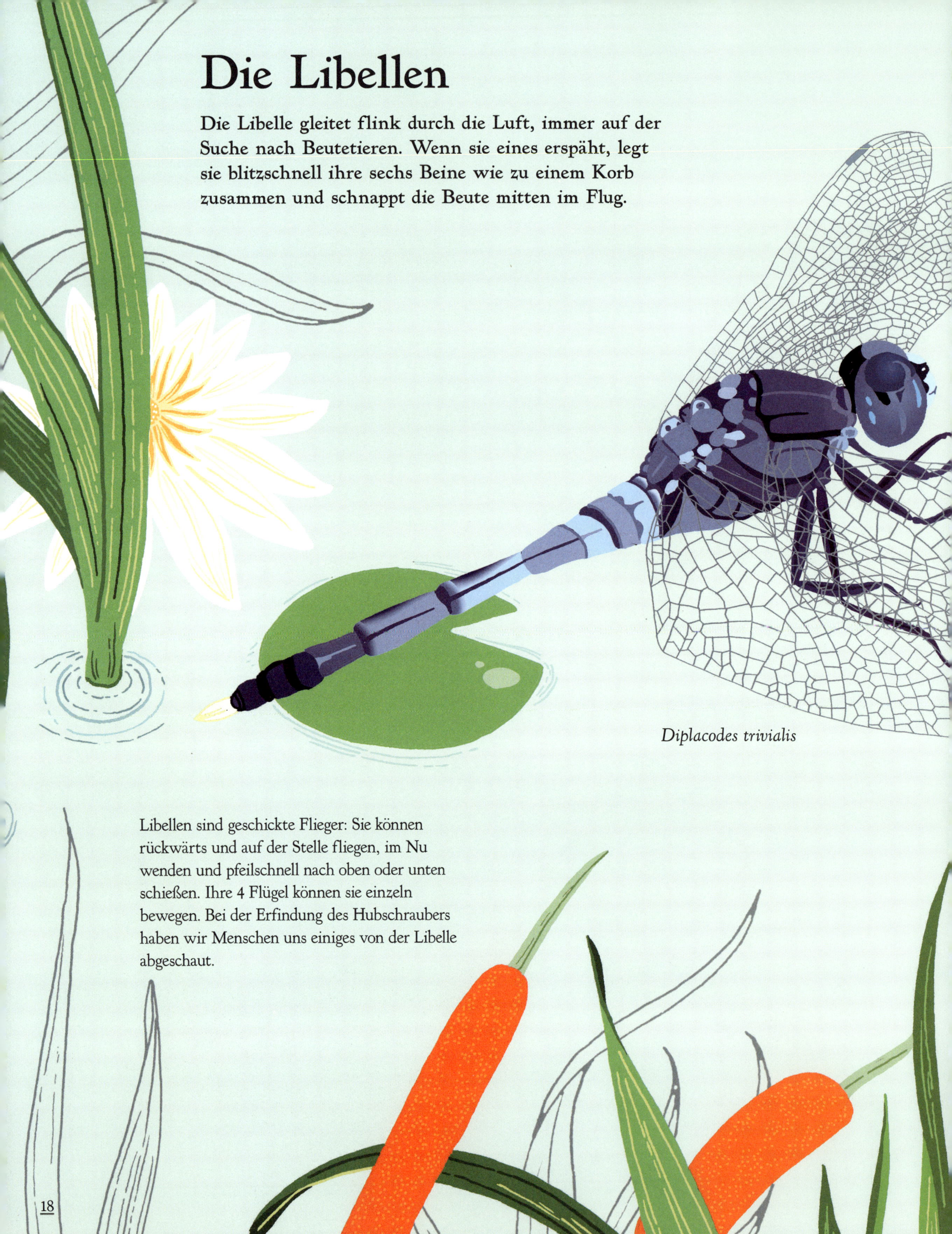

Diplacodes trivialis

Libellen sind geschickte Flieger: Sie können rückwärts und auf der Stelle fliegen, im Nu wenden und pfeilschnell nach oben oder unten schießen. Ihre 4 Flügel können sie einzeln bewegen. Bei der Erfindung des Hubschraubers haben wir Menschen uns einiges von der Libelle abgeschaut.

Die rote Farbe des Marienkäfers ist eine Warnung für die Libelle. Sie bedeutet: „Ich bin giftig, also lass mich in Ruhe!“ Manchmal lernen Libellen das aber erst, wenn sie doch einen Marienkäfer gefressen haben.

MARIENKÄFER
Coccinella septempunctata
(siehe auch S. 36)

Es gibt 3012 verschiedene Libellenarten auf der Welt.

Diplacodes haematodes

Amerikanische
Königslibelle
Anax junius
Celithemis eponina
Trithemis aurora
Libellula saturata
Gewöhnliche Keiljungfer
Gomphus vulgatissimus
Wanderlibelle
Pantala flavescens

Grosse Königslibelle
Anax imperator

Arktische Smaragdlibelle
Somatochlora arctica

Gefleckte Heidelibelle
Sympetrum flaveolum

Blaugrüne Mosaikjungfer
Aeshna cyanea

Plattbauch
Libellula depressa

Die Bienen, Wespen und Hummeln

Das Summen der Bienen erfüllt die Luft. Das Geräusch entsteht, wenn sie blitzschnell mit ihren zarten Flügeln schlagen. Honigbienen leben in einem Volk zusammen. Eigentlich sind sie nicht gefährlich, aber wenn sie sich bedroht fühlen, stechen sie mit dem Stachel schmerzhaft zu.

Die Bienenkönigin ist die einzige Biene im Bienenvolk, die Eier legen darf. Die Arbeiterinnen versorgen und füttern die Königin und den Nachwuchs. Die männlichen Bienen (die Drohnen) haben keinen Stachel. Ihre einzige Aufgabe ist es, sich mit der Königin zu paaren. Danach sterben sie.

Die Wespen

Wespen und Bienen sind beide gestreift, aber die Wespen haben keinen „Pelz". Außerdem fressen sie auch gern mal Fleisch. Mit dem Mund schaben sie Holz von Pfosten und Zäunen, um daraus das Wespennest zu bauen. Die Wespenkönigin lebt zuerst allein, bis aus ihren Eiern fleißige Arbeiterinnen geschlüpft sind, die ihr helfen.

GEWÖHNLICHE WESPE
(ARBEITERIN)
Vespula vulgaris

Die Arbeiterinnen sammeln aus den Blumen Blütenstaub und süßen Nektar als Nahrung. Daraus bereiten sie dann den Honig. Mit einem besonderen Tanz zeigt eine Arbeiterin den anderen Bienen, wo sie gerade nektarreiche Blüten gefunden hat.

Hornisse (eine Wespenart)
Vespa crabro
Bembix americana
Asiatische Hornisse (eine Wespenart)
Vespa velutina
Sphex pensylvanicus
Garten-
Blattschneiderbiene
Megachile willughbiella
Euglossa viridissima

Rote Mauerbiene (Männchen)
Osmia bicornis
Rote Mauerbiene (Weibchen)
Osmia bicornis
Erdhummel (Königin)
Bombus terrestris
Erdhummel (Arbeiterin)
Bombus terrestris
Amegilla cingulata
Xylocopa californica
Rotpelzige Sandbiene
Andrena fulva

Die Fliegen

Ein schneller Purzelbaum in der Luft und schon landet die Stubenfliege kopfüber an der Decke! Mit ihren klebrigen Füßen kann diese Akrobatin dort nicht nur sitzen, sondern sogar weiterkrabbeln.

HAINSCHWEBFLIEGE
Episyrphus balteatus

Ceroxys urticae

Rainieria antennaepes

Der Fliegenfuß ist unten dicht mit winzigen Haaren besetzt und gibt eine spezielle Flüssigkeit ab. Dadurch klebt er an der Wand oder der Decke. Mit einem Ruck der Krallen löst sich der Fuß wieder ab.

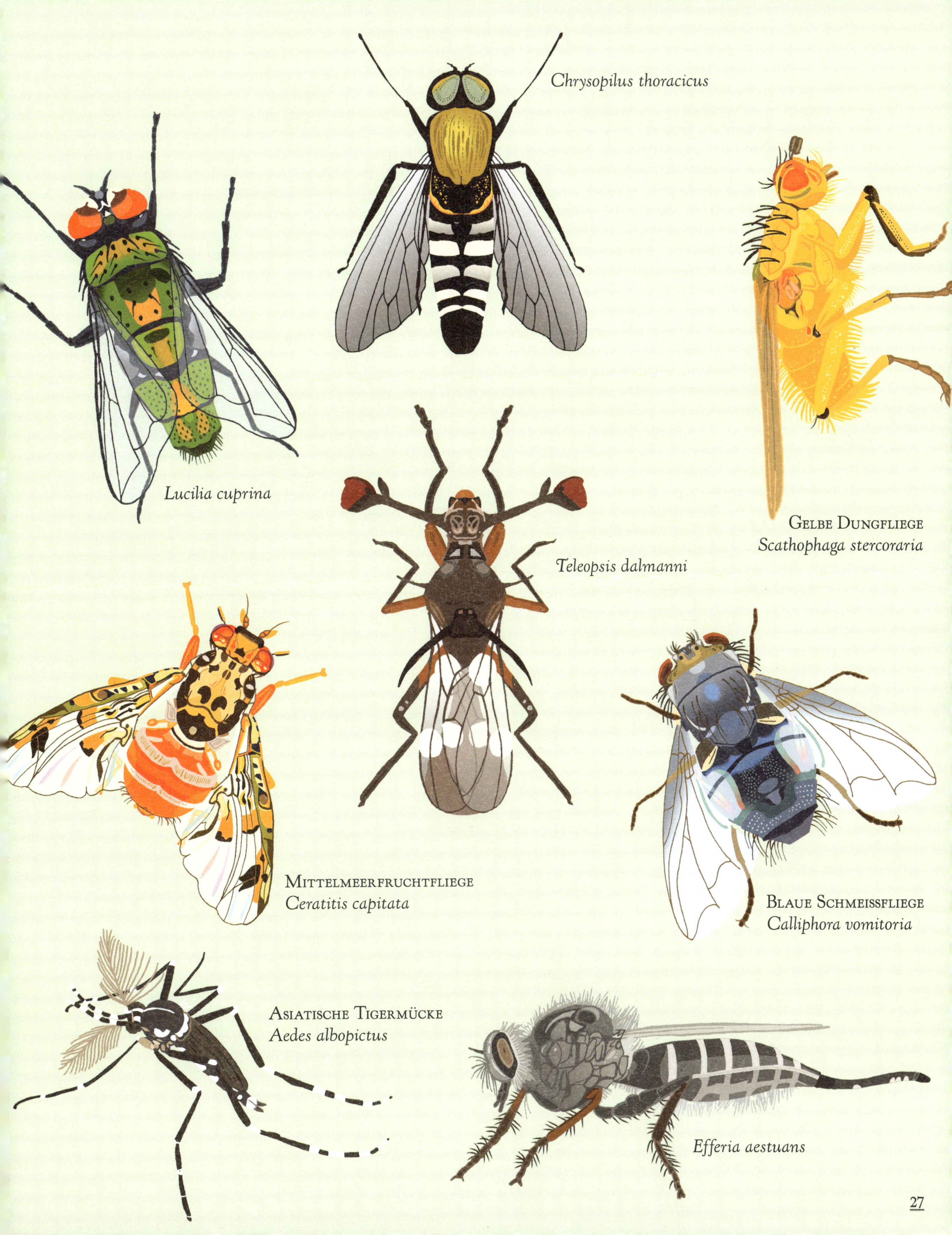
Chrysopilus thoracicus
Lucilia cuprina
Gelbe Dungfliege
Scathophaga stercoraria
Teleopsis dalmanni
Mittelmeerfruchtfliege
Ceratitis capitata
Blaue Schmeissfliege
Calliphora vomitoria
Asiatische Tigermücke
Aedes albopictus
Efferia aestuans

Protohermes grandis
Palpares libelluloides
Nemoptera bipennis
Psychopsis insolens
Porismus strigatus
Gelbfüssige Kamelhalsfliege
Dichrostigma flavipes
Coniopteryx species

Steirischer Fanghaft
Mantispa styriaca

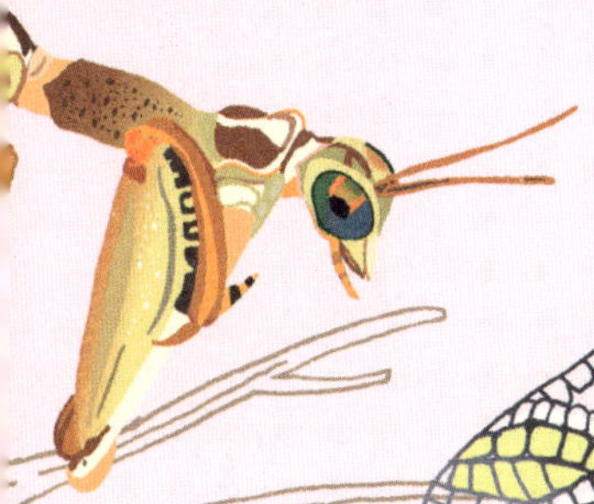

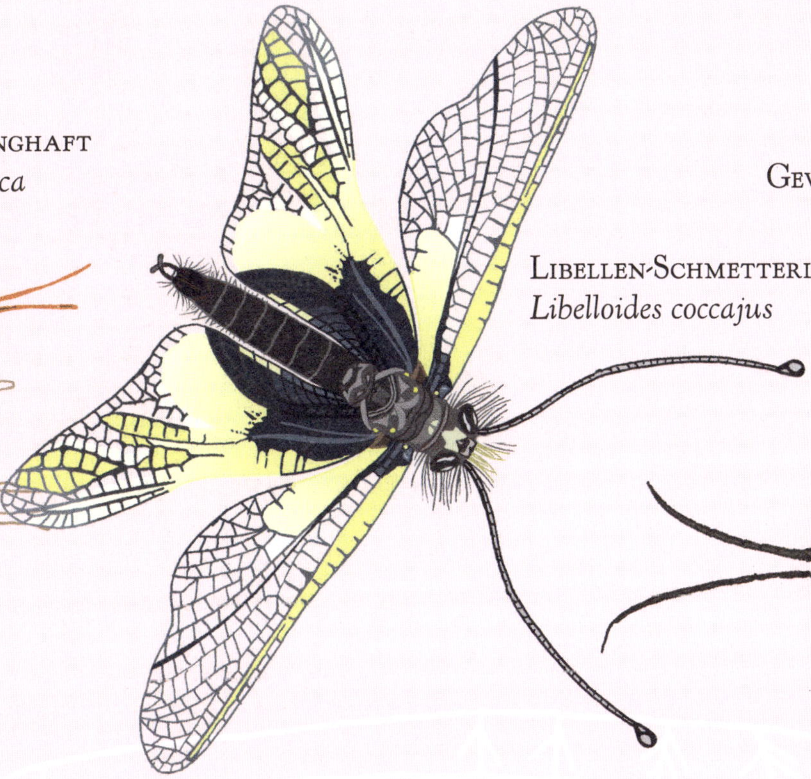

Gewöhnliche Wasserflorfliege
Sialis lutaria

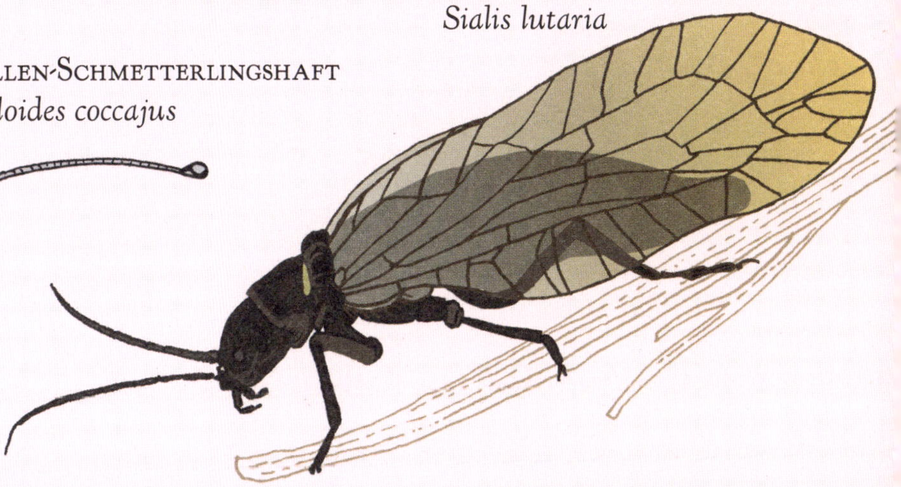

Libellen-Schmetterlingshaft
Libelloides coccajus

Die Netzflügler

Erwachsene Netzflügler haben zarte, oft durchsichtige Flügel. Die Larve der Ameisenjungfer heißt Ameisenlöwe: Er gräbt ein trichterförmiges Loch in den Sand und versteckt sich in der Mitte. Fällt eine Ameise hinein, packt er sie und frisst sie.

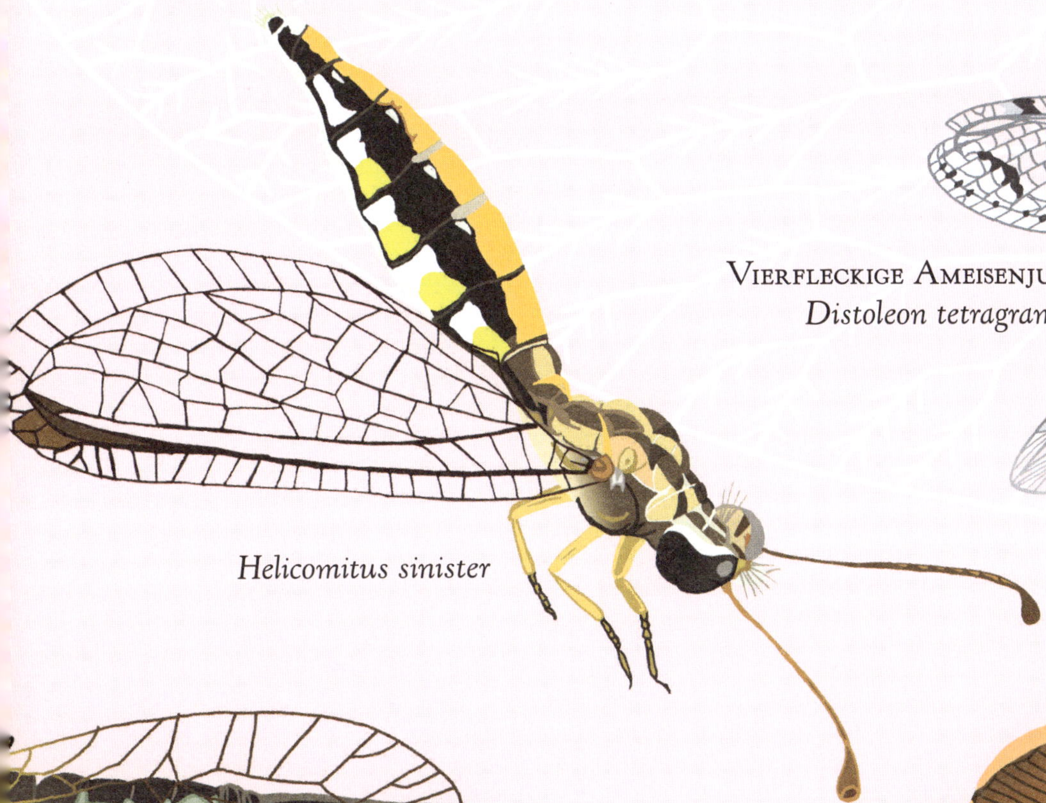

Vierfleckige Ameisenjungfer
Distoleon tetragrammicus

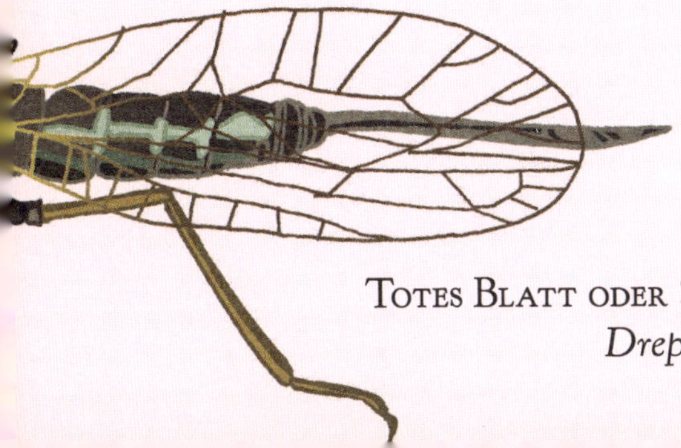

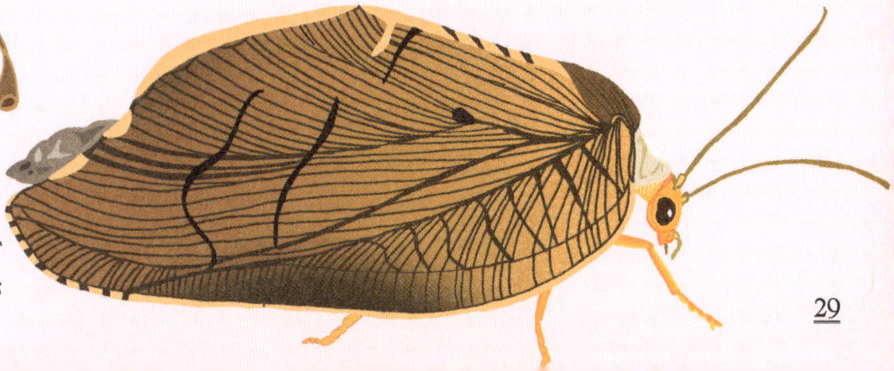

Helicomitus sinister

Totes Blatt oder Sichelflügel-Taghaft
Drepanepteryx phalaenoides

Grosser Leuchtkäfer (Weibchen)
Lampyris noctiluca

Die Leuchtkäfer und die Glühwürmchen

Leuchtkäfer und Glühwürmchen funkeln in warmen Nächten wie Sterne. Ihre Blinksignale sind eine Geheimsprache, die nur Glühwürmchen derselben Art verstehen. Oft sind die Weibchen flügellos. Sie sitzen am Boden und machen mit ihrem Leuchten die umherfliegenden Männchen auf sich aufmerksam.

Federleuchtkäfer (Männchen)
Phengodes plumosa

Photuris versicolor

Leuchtkäfer und Glühwürmchen sind ganz besondere Käfer: Sie können leuchten! Mit ihren Lichtsignalen, die sich von Art zu Art unterscheiden, finden bei Dunkelheit Männchen und Weibchen zueinander.

Photinus pyralis

Die Weibchen dieses Leuchtkäfers locken manchmal mit Leuchtsignalen die Männchen einer anderen Art an und fressen sie auf.

Die Federleuchtkäfer leben in Amerika. Ihre flügellosen Weibchen sehen einer Larve ähnlich. An ihrem Hinterleib leuchten sie grün wie andere Leuchtkäfer, am Kopf rot. Wahrscheinlich erschrecken sie damit ihre Fressfeinde.

Federleuchtkäfer (Weibchen)
Phengodes plumosa

Der Herkuleskäfer

Dynastes hercules

Mit vorgestreckten Hörnern stürmt das Männchen des Herkuleskäfers in den Kampf. Es packt seinen Gegner um die Mitte und schwingt ihn in die Luft, dann wirft es ihn zu Boden. Der Sieger dieses Kampfes kann sich dann mit dem Weibchen paaren.

Der Herkuleskäfer ist einer der größten Käfer der Welt. Mit Horn wird er bis zu 17 cm lang. Trotz seines Gewichts kann er recht gut fliegen – das gibt ein lautes Gebrumm! Und er ist so stark, dass er 85 andere Herkuleskäfer gleichzeitig hochheben könnte!

Die Weibchen haben keine Hörner. Aber auch manche Männchen tragen nur kurze Hörner und würden beim Kämpfen nie gewinnen. Deshalb versuchen sie, sich mit den Weibchen zu paaren, während die Männchen mit den großen Hörnern ihre Kämpfe austragen.

Noch mehr Käfer

Kängurukäfer
Sagra buqueti

Amerikanischer Totengräber
Nicrophorus americanus

Cicindela scutellaris

Dreihornkäfer
Chalcosoma atlas

Gelbrandkäfer
Dytiscus marginalis

Neateuchus proboscideus

Phanaeus vindex

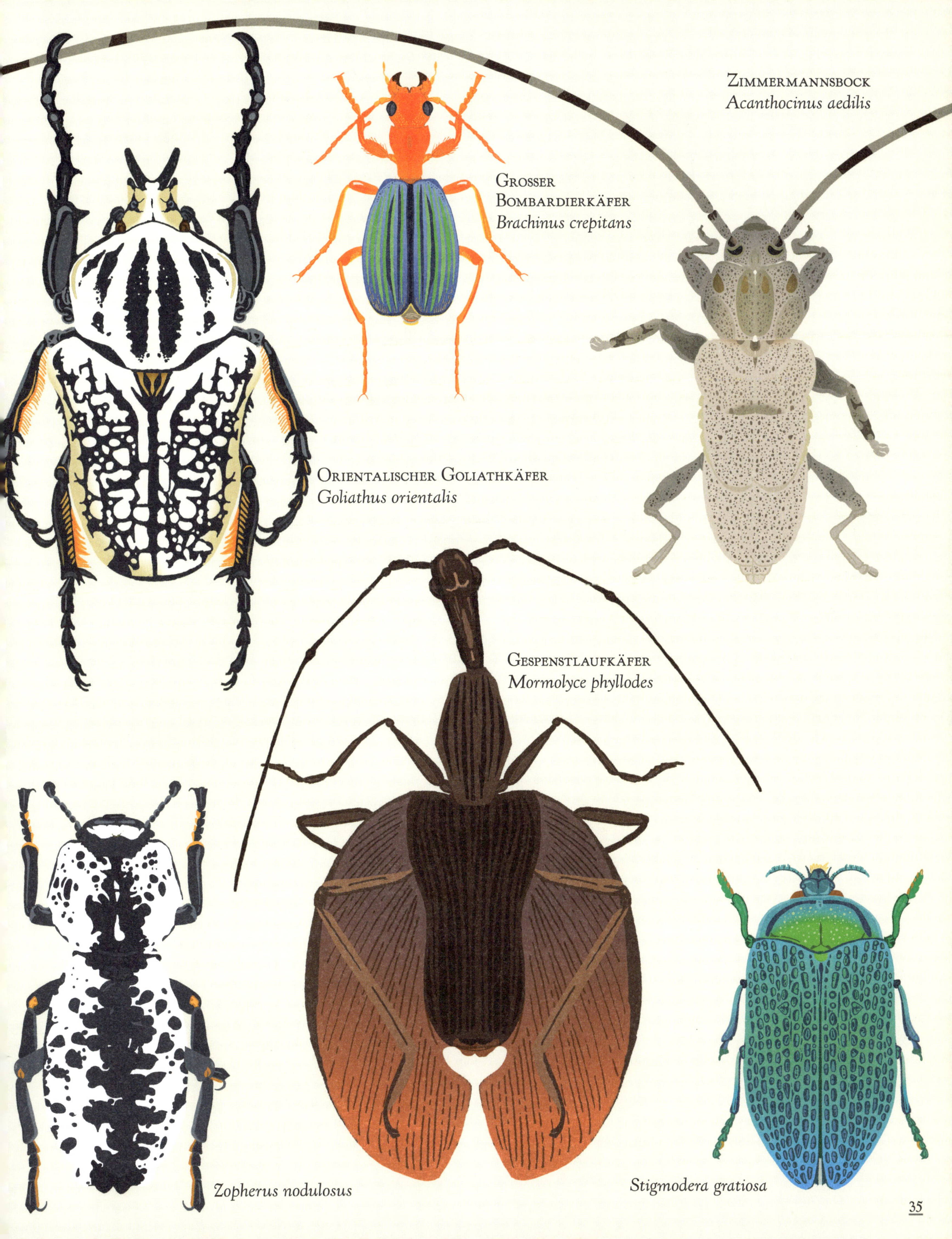
Zimmermannsbock
Acanthocinus aedilis
Grosser
Bombardierkäfer
Brachinus crepitans
Orientalischer Goliathkäfer
Goliathus orientalis
Gespenstlaufkäfer
Mormolyce phyllodes
Zopherus nodulosus
Stigmodera gratiosa

Die Marienkäfer und die Rüsselkäfer

Siebenpunkt-Marienkäfer
Coccinella septempunctata

Vierzehntropfiger Marienkäfer
Calvia quatuordecimguttata

Zweiundzwanzigpunkt-Marienkäfer
Psyllobora vigintiduopunctata

Kugeliger Marienkäfer
Oenopia conglobata

Vierfleckiger Kugelmarienkäfer
Exochomus quadripustulatus

Sechzehnfleckiger Marienkäfer
Halyzia sedecimguttata

Längsstreifiger Marienkäfer
Myzia oblongoguttata

Augenmarienkäfer
Anatis ocellata

Die Geheimwaffe der Glückskäfer

Wenn ein Marienkäfer trotz Tarnung oder Warnfarbe angegriffen wird, greift er zu einem weiteren Trick: Er sondert aus dem Beingelenk eine stinkende gelbe Flüssigkeit ab, die dem Fressfeind den Appetit verdirbt!

Rüsselkäfer erkennt man leicht an dem lang nach vorn gezogenen Rüssel. Manche der kleinen Käfer richten großen Schaden an, zum Beispiel in Getreidelagern: Ihre Larven fressen dort von innen die Getreidekörner auf.

Die Rundkopfzikaden

Manche Zikaden sehen so verrückt aus, dass man glauben könnte, sie wären Außerirdische von einem fernen Planeten. Aber so verschieden sie auch aussehen: Immer gaukeln die Zikaden ihren Fressfeinden vor, sie wären alles Mögliche, nur kein Futter.

Lebende Stacheln

Auf den ersten Blick wirken viele Rundkopfzikaden aufsehenerregend. In Wirklichkeit sind sie aber gerade durch die seltsamen Fortsätze am Rücken bestens getarnt. Die Formen und Farbmuster verwirren die Fressfeinde. Wenn sie die Zikaden zum Beispiel für Stacheln an einem Zweig halten, können die in aller Ruhe Pflanzensäfte saugen.

Die Spitzkopfzikaden, Wanzen und Blattläuse

Manche von ihnen gleiten, springen oder hüpfen. Andere tauchen, schwimmen auf dem Rücken oder flitzen wie ein Schlittschuhläufer über das Wasser. Bei vielen ist die obere Flügelhälfte fest wie Leder, die untere aber zart und durchscheinend.

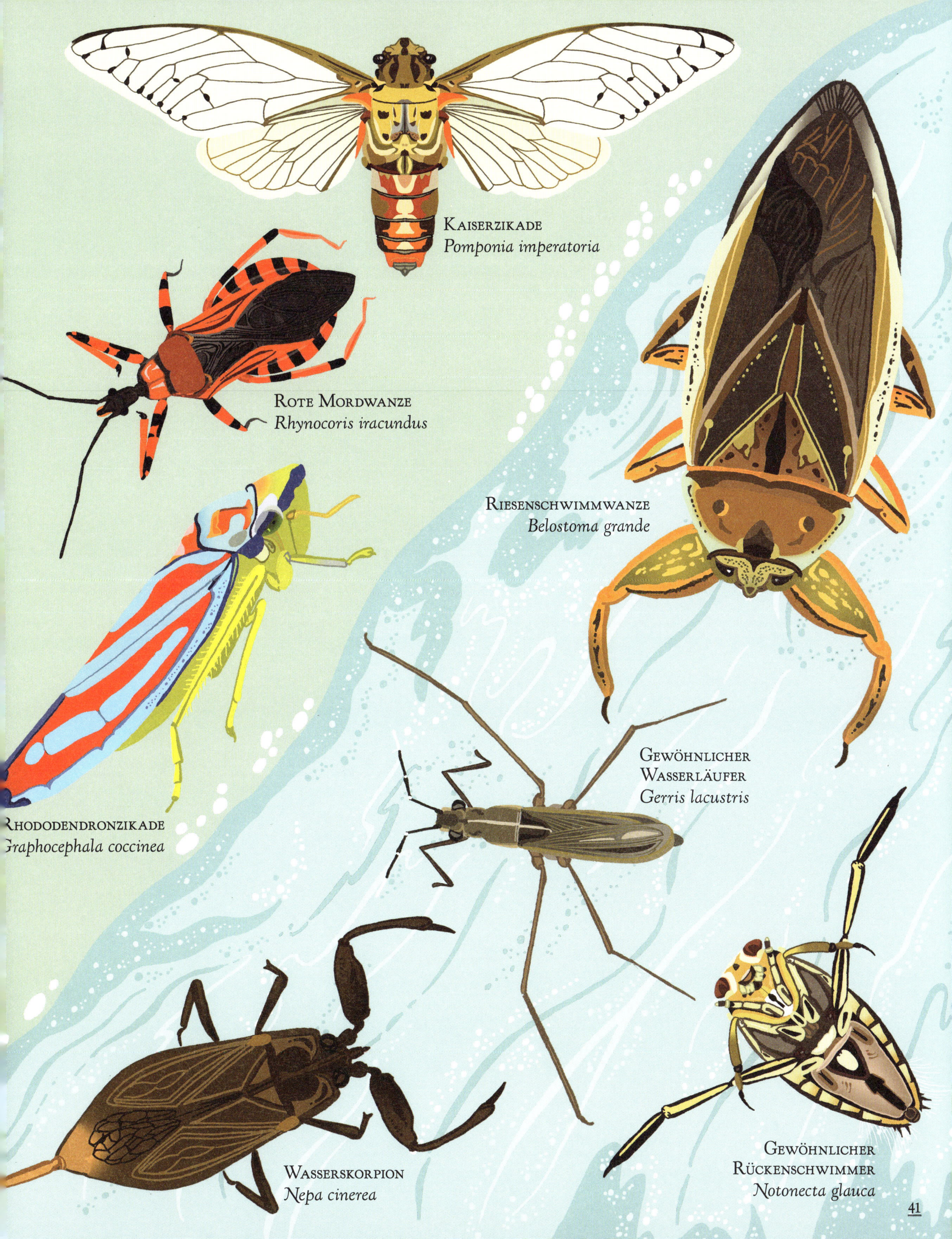
Kaiserzikade
Pomponia imperatoria
Rote Mordwanze
Rhynocoris iracundus
Riesenschwimmwanze
Belostoma grande
Rhododendronzikade
Graphocephala coccinea
Gewöhnlicher
Wasserläufer
Gerris lacustris
Wasserskorpion
Nepa cinerea
Gewöhnlicher
Rückenschwimmer
Notonecta glauca

Die Termiten und Ameisen

Diese Tiere leben in Staaten, deren Mitglieder verschiedene Aufgaben haben. So gibt es Arbeiter, Soldaten, eine Königin und manchmal einen König.

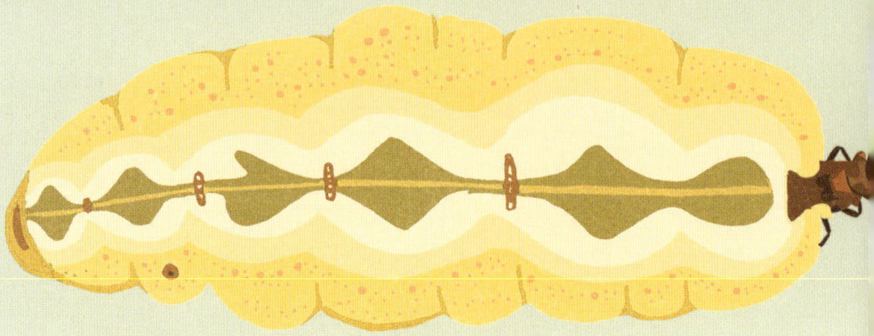

RIESEN- ODER DARWINTERMITE (KÖNIGIN)
Mastotermes darwiniensis

RIESEN- ODER DARWINTERMITE (SOLDAT)

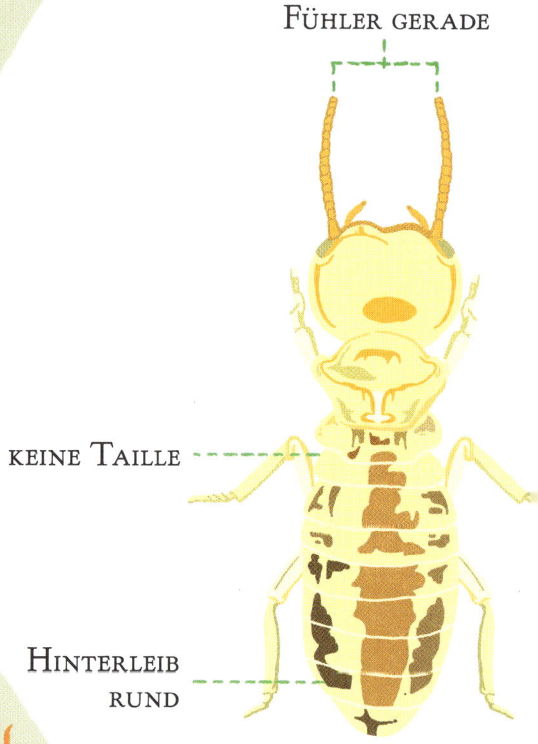

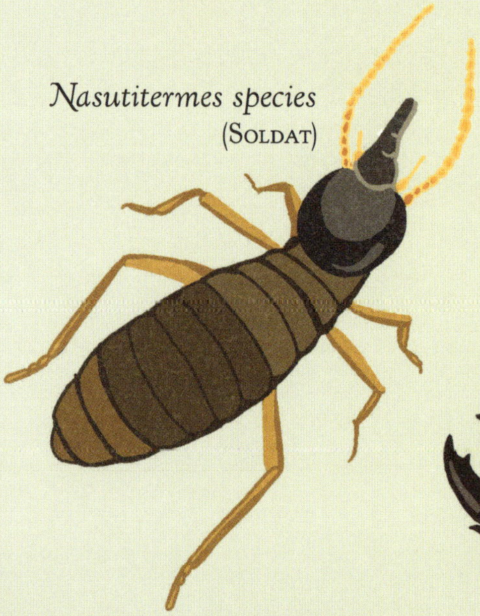

Nasutitermes species (SOLDAT)

Riesentermite
(ARBEITER/ARBEITERIN)

FÜHLER GERADE

KEINE TAILLE

HINTERLEIB RUND

FEUCHTHOLZTERMITE (SOLDAT)
Zootermopsis nevadensis

Termitenhügel

Termitenhügel können über 5 m hoch aufragen! Sie werden aus Erde, zerkauten Pflanzen und Kot errichtet. Die Soldaten bewachen dieses Nest, der König paart sich mit der Königin, diese legt die Eier. Die Arbeiter versorgen das Königspaar und die Larven.

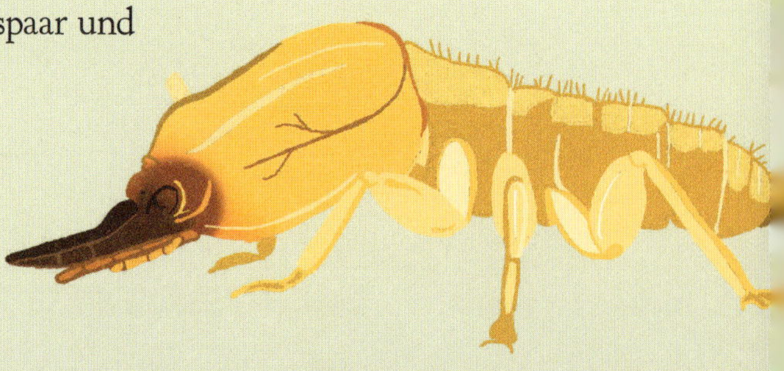

Reticulitermes hesperus (SOLDAT)

Termiten und Ameisen: Unterschiede

Termiten und Ameisen sehen sich ziemlich ähnlich. Ameisen haben aber eine schmale Taille, geknickte Fühler, einen dunkleren Körper – und Augen. Termitenarbeiter und -soldaten verlassen sich aufs Riechen und Tasten. Bei Ameisen gibt es keinen König. Die Männchen sterben nach der Paarung.

Die Blattschneiderameisen

Blattschneiderameisen beißen von Pflanzenblättern Stücke ab. Sie nehmen die Blattstücke entschlossen huckepack und reihen sich in die Kolonne ihrer Kolleginnen ein, die die Beute nach Hause transportieren.

Manches Blattstück ist schwerer als zehn Ameisen zusammen. Aber die Blattschneiderameise ist stark genug, es trotzdem zu tragen!

Die Blattschneiderameisen fressen die Blätter nicht selbst: Sie lassen darauf Pilze wachsen, die sie dann verspeisen. In ihrem riesigen unterirdischen Nest leben Millionen Ameisen, die die Larven versorgen, Blätter für die Pilzgärten zerkleinern und sich abmühen, alles sauberzuhalten. Soldatinnen schützen das Nest wie eine Festung, während Transportameisen neue Blätter herbeischaffen.

Die Weta – eine Riesenheuschrecke

Deinacrida heteracantha

Dieser Riese unter den Insekten sieht einer Grille ähnlich und lebt nur auf einer kleinen Insel bei Neuseeland. Dort krabbelt die 7,5 cm lange Heuschrecke in der stockdunklen Nacht durch den Wald. Sie kann schwerer werden als eine Maus – die größten Weibchen werden sogar schwerer als ein Spatz!

Die Weta sieht zwar massig und etwas furchterregend aus, trotzdem ist sie ein harmloser Pflanzenfresser. Da die gewaltige Heuschrecke weder springen noch rennen noch fliegen kann, wird sie selbst leicht zur Beute ihrer Fressfeinde und ist sogar vom Aussterben bedroht. Sie versucht, Angreifer mit einem schrillen Geräusch abzuschrecken. Es entsteht, indem sie ihre Beine gegen den Körper reibt.

Die Stab- und Gespenstschrecken

Diese Insekten haben eine fast perfekte Tarnung: Sie sehen trockenen Zweigen oder Blättern täuschend ähnlich! Viele Arten sind zudem durch Dornen auf dem Panzer geschützt. Andere verspritzen übel schmeckende Flüssigkeiten.

Phobaeticus chani

Das Ei dieser riesigen Stabheuschrecke wird vom Wind weit weg geblasen. Die Larve schlägt sich sofort ganz allein durchs Leben. Das erwachsene Insekt zählt zu den längsten der Welt: Mit ausgestreckten Vorderbeinen misst es über einen halben Meter!

Die Heuschrecken und Grillen

Schreckt man eine Heuschrecke auf, dann macht sie mit ihren mächtigen Hinterbeinen einen großen Satz. Fliegen kann sie auch: Wie ein silberner Blitz entfalten sich ihre Flügel – und schon ist sie weg! Wenn sie die Flügel zusammenklappt, fällt sie sofort wieder nach unten.

Zu einem Sommertag auf der Wiese gehört das Zirpen der Heuschrecken und Grillen einfach dazu. Es entsteht, wenn sie ihre gezähnten Hinterbeine gegen die derben Vorderflügel reiben. Jede der Heuschrecken hat ihren ganz besonderen „Gesang", mit dem sie die Weibchen der eigenen Art anlockt.

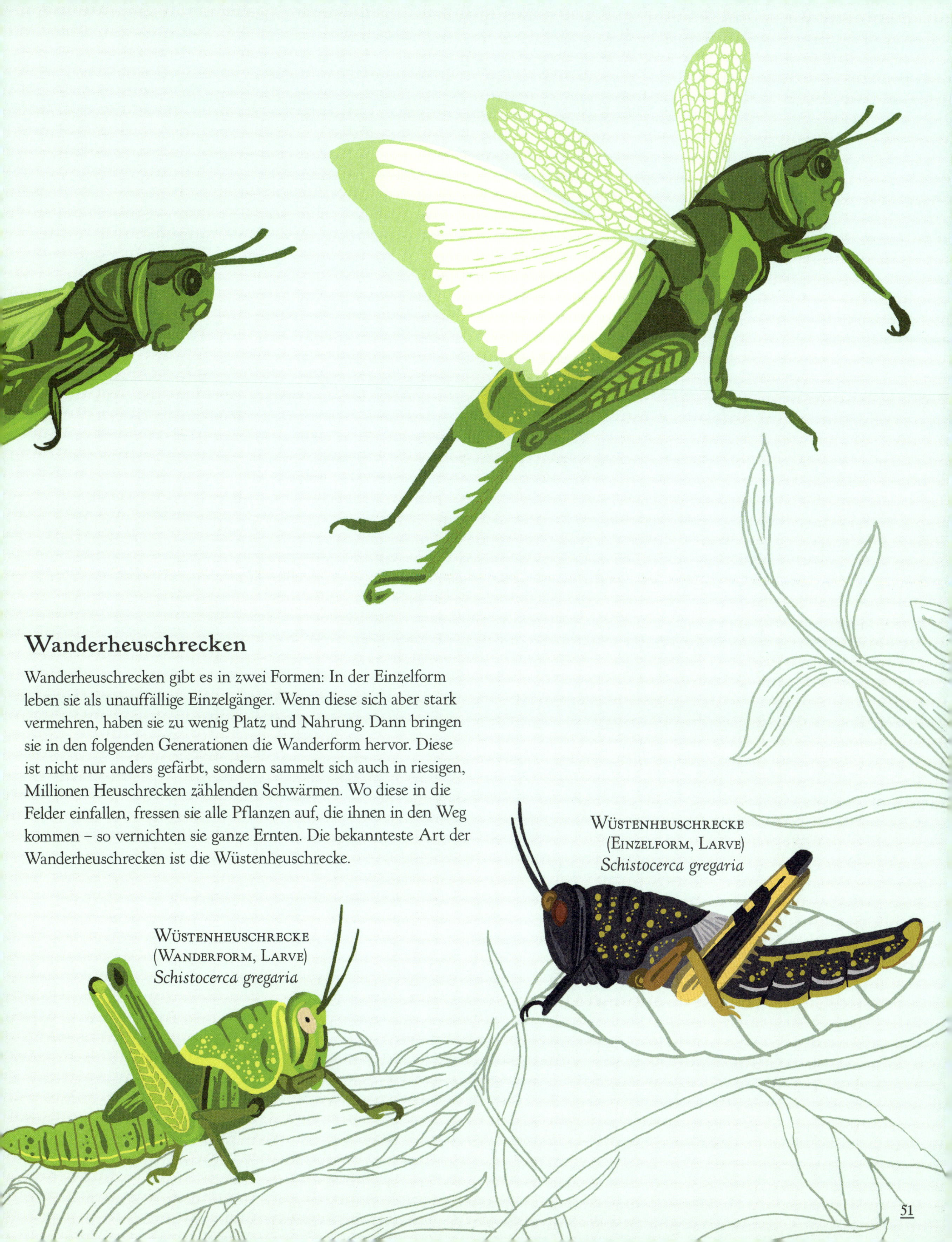

Wanderheuschrecken

Wanderheuschrecken gibt es in zwei Formen: In der Einzelform leben sie als unauffällige Einzelgänger. Wenn diese sich aber stark vermehren, haben sie zu wenig Platz und Nahrung. Dann bringen sie in den folgenden Generationen die Wanderform hervor. Diese ist nicht nur anders gefärbt, sondern sammelt sich auch in riesigen, Millionen Heuschrecken zählenden Schwärmen. Wo diese in die Felder einfallen, fressen sie alle Pflanzen auf, die ihnen in den Weg kommen – so vernichten sie ganze Ernten. Die bekannteste Art der Wanderheuschrecken ist die Wüstenheuschrecke.

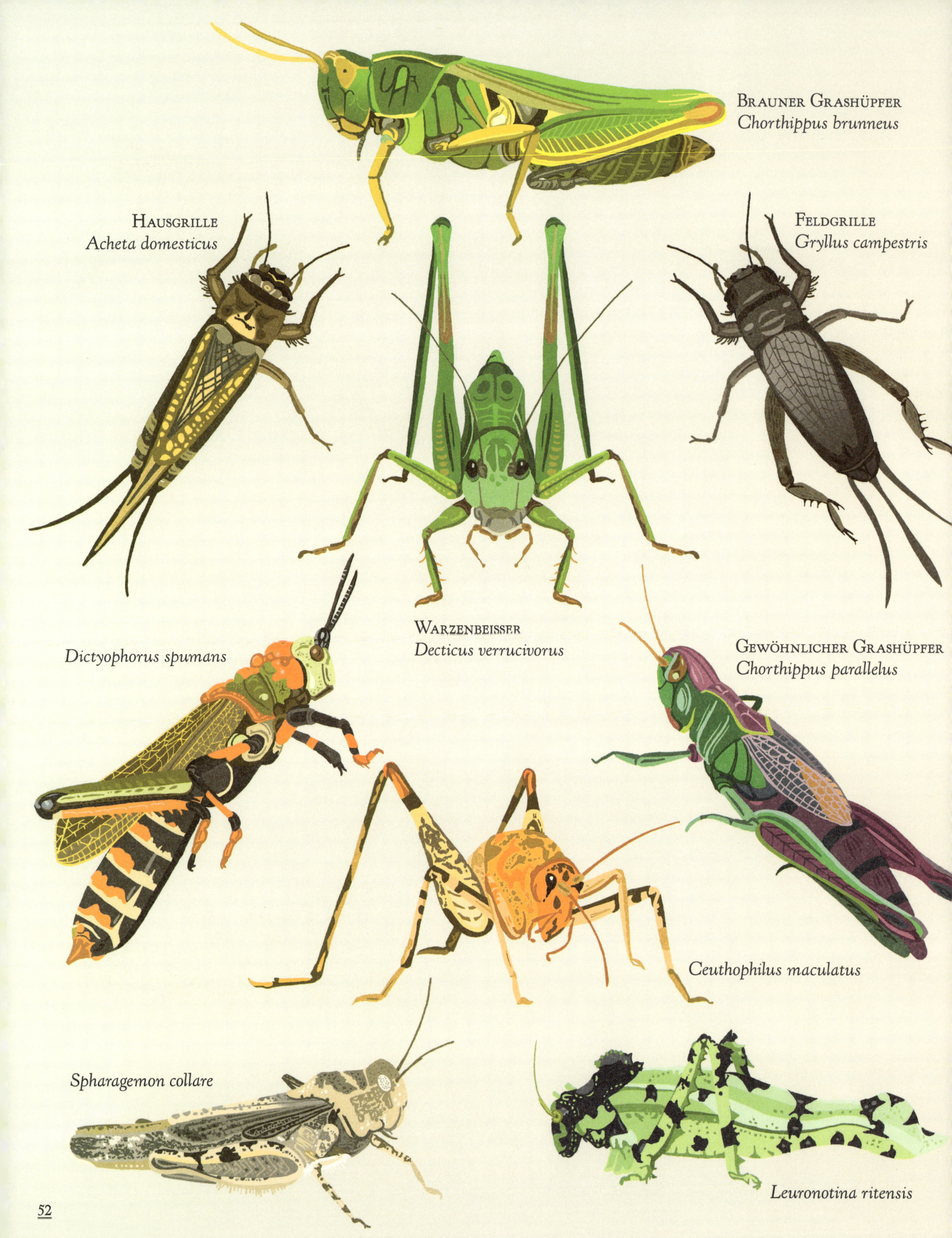
Brauner Grashüpfer
Chorthippus brunneus
Hausgrille
Acheta domesticus
Feldgrille
Gryllus campestris
Warzenbeisser
Decticus verrucivorus
Dictyophorus spumans
Gewöhnlicher Grashüpfer
Chorthippus parallelus
Ceuthophilus maculatus
Spharagemon collare
Leuronotina ritensis

Maulwurfsgrille
Gryllotalpa gryllotalpa
Elimaea punctifera
Trimerotropis cyaneipennis
Taeniopoda eques
Phymateus saxosus
Panacanthus cuspidatus

Die Schaben

Schaben sind schnell, geschickt und unverwüstlich. Sie machen sich scheinbar unsichtbar und können sogar ohne Kopf noch einige Tage leben! Manche fressen als Küchenschaben Vorräte und Abfälle in Häusern.

1. Die Schabe ist das Insekt, das am schnellsten rennen kann. Fast so schnell wie ein Mensch läuft sie auf eine Kante zu.

2. Sie hält sich mit den Klauen der Hinterbeine an der Kante fest.

3. Die Schabe schwingt kopfüber um die Kante herum und landet – gut versteckt – auf der Unterseite.

Amerikanische Grossschabe
Periplaneta americana

Wie die Schabe verschwindet

Wenn diese Meisterin im Entwischen von einem Fressfeind verfolgt wird, springt sie über eine Kante – beispielsweise eines Blattes – und ist spurlos verschwunden! Der Trick: Beim Sprung hält sich die Schabe mit den Hinterbeinen an der Kante fest und schwingt wie eine Schaukel auf die Unterseite.

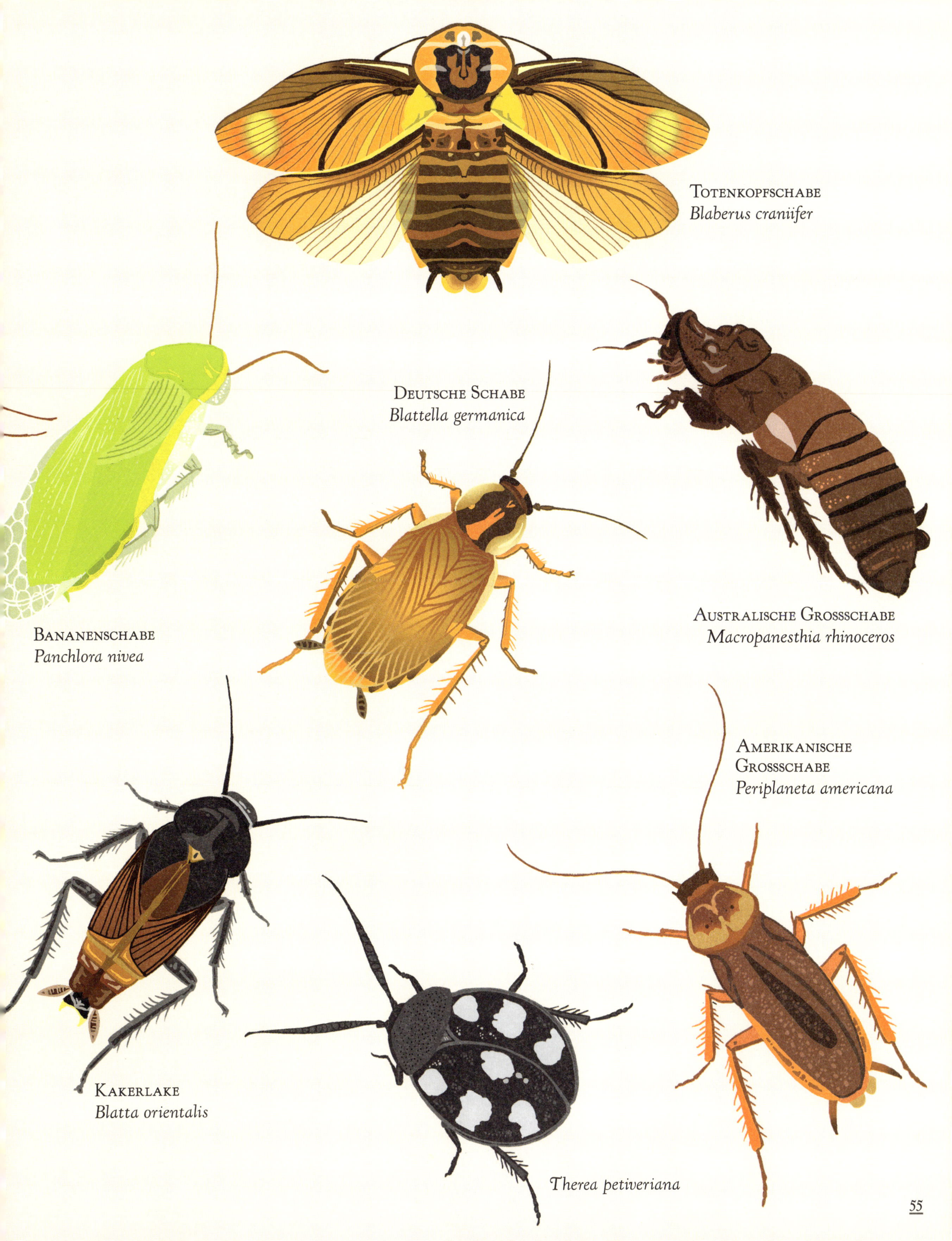
Totenkopfschabe
Blaberus craniifer
Deutsche Schabe
Blattella germanica
Bananenschabe
Panchlora nivea
Australische Grossschabe
Macropanesthia rhinoceros
Amerikanische Grossschabe
Periplaneta americana
Kakerlake
Blatta orientalis
Therea petiveriana

Die Fangschrecken

Die Fangschrecken sind wahre Meister der Tarnung. Durch ihre „Verkleidung" als Blüte oder Blatt verschmelzen sie sozusagen mit den Pflanzen in ihrer Umgebung. Reglos liegen sie auf der Lauer – doch wenn ein Beutetier kommt, schlagen die Jäger zu: Dann klappen sie ihre dornenbesetzten Vorderbeine aus und packen die Beute mit tödlichem Griff!

Es gibt über 2400 Fangschreckenarten. Viele davon sehen aus wie Blüten, Blätter oder andere Pflanzenteile.

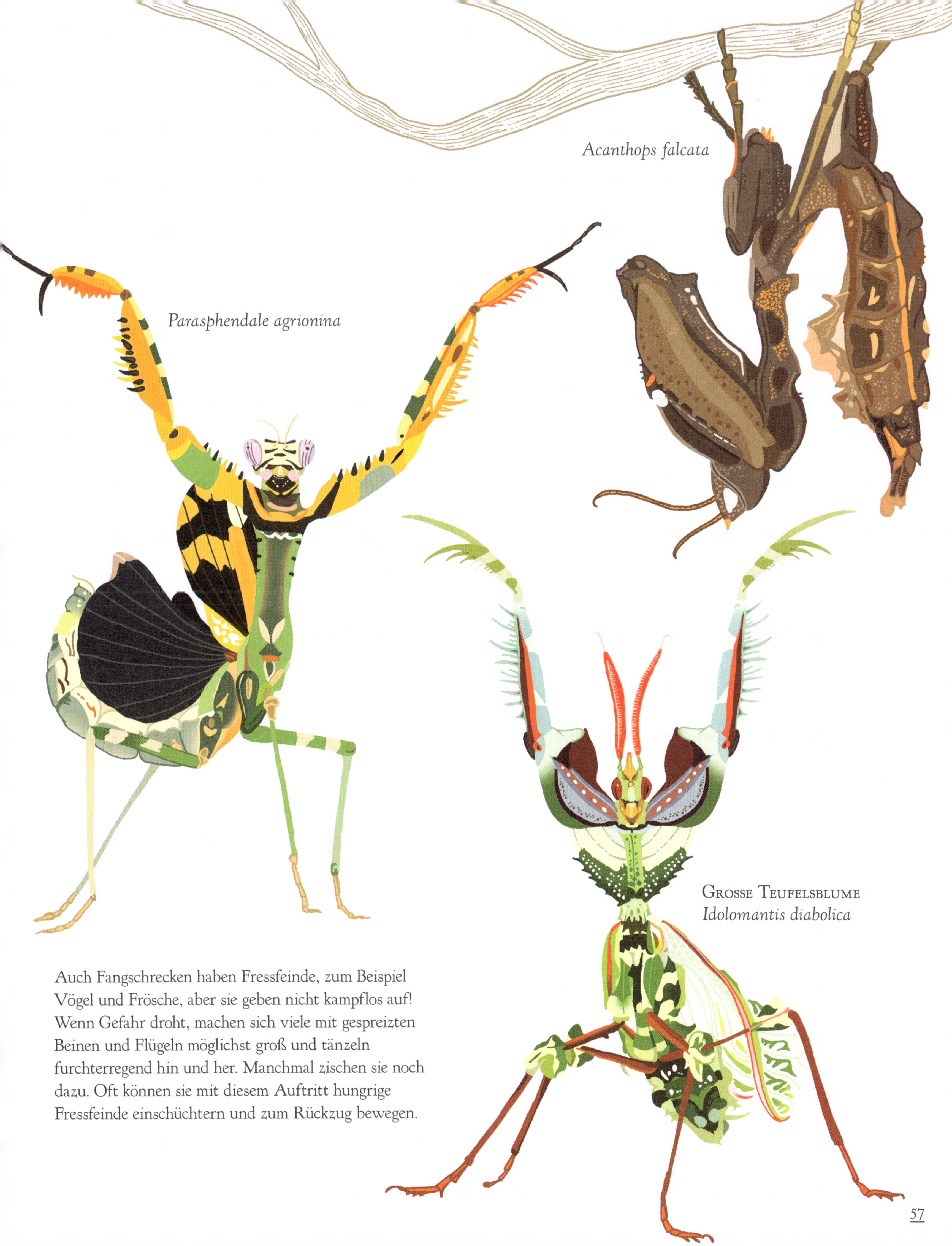

Auch Fangschrecken haben Fressfeinde, zum Beispiel Vögel und Frösche, aber sie geben nicht kampflos auf! Wenn Gefahr droht, machen sich viele mit gespreizten Beinen und Flügeln möglichst groß und tänzeln furchterregend hin und her. Manchmal zischen sie noch dazu. Oft können sie mit diesem Auftritt hungrige Fressfeinde einschüchtern und zum Rückzug bewegen.

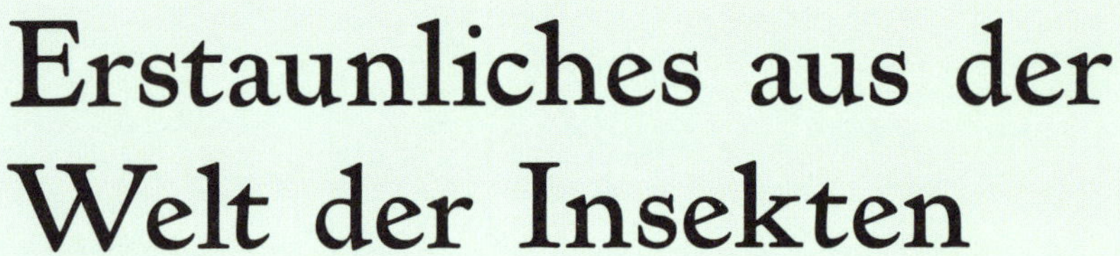

Erstaunliches aus der Welt der Insekten

Mit ihrer ungeheuren Vielfalt und gewaltigen Anzahl bringen die Insekten uns zum Staunen. Auf einen Blick findest du hier Bemerkenswertes und Erstaunliches über die kleinen Sechsbeiner.

Insektenblut ist durchsichtig, gelb oder grün. Die Biologen nennen es „die Hämolymphe".

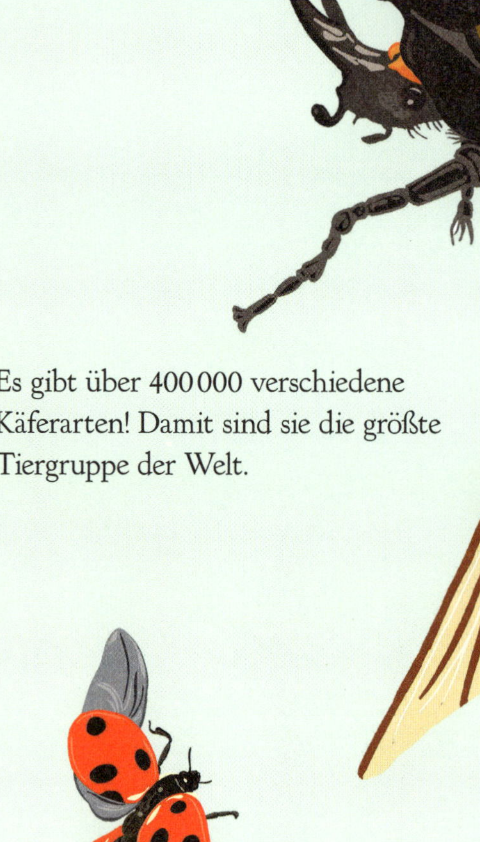

Es gibt über 400 000 verschiedene Käferarten! Damit sind sie die größte Tiergruppe der Welt.

Insekten gab es schon vor den Dinosauriern auf der Erde! Das älteste versteinerte Insekt, das gefunden wurde, *Rhyniognatha hirsti*, hat vor 400 Millionen Jahren gelebt.

Eine Person, die Insekten erforscht, nennt man Entomologe.

In vielen Ländern essen die Menschen Insekten. Das nennt man Entomophagie.

Schmetterlinge können mit den Füßen schmecken!

Die Angst vor Insekten nennt man Entomophobie oder Insektenphobie.

Wenn man alle Menschen und alle Insekten der Welt wiegen würde, wären die Insekten zusammen schwerer als die Menschen!

Das Schwerste: Die Weta (*Deinacrida heteracantha*); 71 g

Rekorde der Insekten

Das Kleinste: der Käfer *Scydosella musawasensis*. Er ist nur 0,325 mm lang.

Das Lauteste: die Zikade (*Tibicen walkeri*). Ihr Gesang ist fast so laut wie eine Motorsäge!

Das Schnellste beim Laufen: der Käfer *Cicindela hudsoni*. Er erreicht 9 km/h, das ist etwa doppelt so schnell wie Menschen beim Spaziergang. Da er so schnell gar nicht gucken kann, muss er abbremsen, um wieder etwas erkennen zu können!

Das Schnellste beim Fliegen: das Männchen der Bremse *Hybomitra hinei*. Eines von ihnen war schneller als ein Plastikgeschoss, das aus einem Luftgewehr abgefeuert worden war und 145 km/h schnell flog!

Das Stärkste: der Käfer *Onthophagus taurus*. Er schafft es, ein Gewicht zu ziehen, das 1141-mal so schwer ist wie er selbst. Wenn ein Mensch entsprechend stark wäre, könnte er sechs voll besetzte Doppelstockbusse ziehen!

Das Beste im Hochsprung: die Wiesenschaumzikade (*Philaenus spumarius*). Sie kann bis zu 70 cm hoch springen — das ist mehr als 100-mal so viel wie ihre eigene Körperlänge!

Das Längste: Die Stabheuschrecke (*Phobaeticus chani*): 56,6 cm

Worterklärungen

Art — Nur Tiere derselben Art können zusammen Nachkommen („Kinder") hervorbringen. Tiere einer Art (z. B. Siebenpunkt-Marienkäfer) stimmen in fast allen Merkmalen überein.

aussterben — Das Wort bezeichnet die Gefahr, dass es eine Art bald nicht mehr gibt.

Beute, Beutetier — Tier, das von einem anderen Tier (dem Fressfeind) gefangen und gefressen wird

Blütenstaub — Meist gelbes Pulver, das in Blüten entsteht und von Pflanzen benötigt wird, um sich zu vermehren. Nektar sammelnde Bienen übertragen den Blütenstaub von den männlichen auf die weiblichen Teile der Blüten.

Brustabschnitt — Mittlerer Abschnitt des Insektenkörpers zwischen Kopf und Hinterleib (wird auch Thorax genannt)

Dornen — Spitze, hervorstehende Auswüchse am Körper eines Tieres oder einer Pflanze

Ei — Der erste Entwicklungsschritt eines Insekts (danach folgen Larve, Puppe, erwachsenes Insekt)

erwachsen — Tiere, die so weit ausgewachsen sind, dass sie zusammen Nachkommen („Kinder") haben können.

Fleischfresser — Tiere, die andere Tiere fressen

Fressfeind — Tier, das andere Tiere als Beute fängt und frisst

Fühler — Zwei dünne Auswüchse am Kopf des Insekts, mit denen es riechen und schmecken kann

Häutung — Abstreifen der festen Außenhaut, die durch Wachstum zu eng geworden ist

Hinterleib — Hinterer Abschnitt des Insektenkörpers, enthält z. B. Magen und Darm

Insektenstaat/ Insektenvolk — Gemeinschaft, z. B. von Bienen oder Ameisen, mit gemeinsamem Nest und verteilten Aufgaben (Königin, Arbeiter/Arbeiterinnen ...)

Larve — Jugendform eines Insekts zwischen Ei und Puppe bzw. erwachsenem Tier

Magen und Darm — Körperteile, die das Essen so verarbeiten, dass der Körper es nutzen kann.

Nachwuchs — „Kinder" der Insekten. Bis sie erwachsen sind, durchlaufen sie die Entwicklungsschritte Ei, Larve und Puppe.

Nektar — Süße Flüssigkeit, die in Blüten hergestellt wird und Insekten anlockt; Bienen sammeln den Nektar und machen Honig daraus.

Panzer — Die harte Außenhaut des Insektenkörpers

Pflanzensaft — Zuckerhaltige Flüssigkeit im Inneren einer Pflanze

Pilz — Ein Lebewesen, das weder Tier noch Pflanze ist. Einer der bekanntesten Pilze ist der Champignon. Manche anderen Pilze sind aber winzig klein oder giftig.

Puppe — Bei der Verwandlung eines Insekts die Übergangsform zwischen Larve und erwachsenem Tier

Puppenhülle — Die schützende Haut, in der sich Insekten, z. B. Schmetterlinge, von der Larve in das erwachsene Tier verwandeln

Taille — Schmale Stelle zwischen Brustabschnitt und Hinterleib bei manchen Insekten, z. B. Ameisen und Wespen

Tarnung — Farbe oder Form, durch die der Körper eines Insekts kaum in seiner Umgebung zu entdecken ist

Verwandlung — Übergang vom Ei über die Larve und manchmal auch die Puppe zum erwachsenen Insekt

Register